Meine schönsten Bauernhofgeschichten

Bilder von
Bob Bampton, Karel Boumans, John Francis,
Ingrid Hecht, Maria Mantovani, Maurice Pledger

Texte von Gisela Fischer, Elke Meinardus

EGMONT PESTALOZZI VERLAG, MÜNCHEN

Bei Anna auf dem Bauernhof

Das ist Anna. Blättere mal eine Seite weiter! Auf dem großen Bild wirst du sie bestimmt gleich entdecken. Ihr Freund Jan ist dabei. Du erkennst ihn an den feuerroten Haaren.

Die Kinder wohnen im selben Dorf und unternehmen viel zusammen. Anna ist auf diesem Bauernhof zu Hause. Dazu gehören: ein Wohnhaus, ein großer Stall und ein Schuppen für die landwirtschaftlichen Maschinen und Geräte. Ein Traktor hat einen Plattfuß und das Rad wird gerade gewechselt.

Heute ist Jan zu Anna gekommen. „Gehen wir zu euren Pferden auf die Koppel?", hat er gefragt. „Ich hab ein Stück trockenes Brot dabei." Schnell holt Anna noch eine Möhre aus der Vorratskammer und dann laufen die beiden los. Eine Katze, diese hier, begleitet die Kinder.

Aber bei Anna auf dem Bauernhof gibt es nicht nur eine Katze, sondern viele. Zähl sie einmal. Wie viele sind es insgesamt?
Die Kinder überqueren den Hof und laufen dann am Gemüsegarten vorbei. „Na, was habt ihr zwei Racker denn Schönes vor?", ruft ihnen Oma zu.
„Commander und Schecki besuchen!", antwortet Anna.
Oma hat ein Beet umgegraben. Der Spaten steckt im Beet nebenan in der Erde, siehst du ihn? Jetzt harkt sie die Erde glatt. „Was willst du aussäen?", fragt Anna.
„Möhren und Radieschen. Und dann werde ich noch zwei Beerenbüsche pflanzen."
„Und was kommt ins Gewächshaus?", fragt Jan.
„Darin möchte Opa Salat, Tomaten und Gurken ziehen", erklärt Oma.
Es ist nämlich Frühling. Und wer im Garten oder auf dem Feld im Sommer etwas ernten möchte, für den gibt es viel Arbeit. Da müssen alle mithelfen!
Annas Mutter ist mit dem grünen

Traktor und der Egge unterwegs. Die Eisenzähne des Geräts lockern den Boden, der zuvor mit dem Pflug bearbeitet wurde. (Wie ein Pflug aussieht und wie er arbeitet, kannst du auf Seite 109 nachschlagen.)
Anschließend wird die schwere Walze an den Traktor gekoppelt und der Boden geglättet. Danach kann Annas Vater auch auf diesem Feld mit der Sämaschine Hafer oder Mais säen.
Das geht so: Die gelbe Sämaschine wird oben geöffnet und der Samen aus den Säcken hineingeschüttet. Dann fährt der Traktor an und die Sämaschine rollt hinterher. Dabei verteilt sie die Samenkörner in Saatrillen. Blättere um, dann siehst du Annas Vater beim Säen. Und bestimmt entdeckst du auch die beiden vollen Säcke mit Samen. Eine Kohlmeise sitzt darauf und stibitzt ein paar Körnchen; und auch zwei Spatzen und einige Krähen sind in der Nähe und wollen wohl etwas davon abhaben.
Wenn du das Bild genau betrachtest, kannst du noch mehr Vögel sehen.

Aus diesem Taubenschlag zum Beispiel schauen zwei Tauben heraus. Und oben auf dem hohen Silo neben dem Stall sitzt eine schwarze Krähe. Weißt du, was in so einem Silo drin ist? Grünfutter für die Kühe. Im Sommer wird das frisch geschnittene Gras mit einem starken Gebläse durch das lange seitliche Rohr in den Silo hineinbefördert. Es wird bis zum Winter darin gelagert. Dann bekommen es die Kühe zu fressen.
Damit Gras und Kräuter für die Kühe gut wachsen, werden im Frühling die Wiesen gedüngt. Dazu wird entweder Stallmist mit dem Stallmiststreuer oder Jauche mit dem Jauchewagen verteilt.

Jauche ist flüssiger Mist und riecht manchmal ziemlich stark! Auf dem Bild siehst du Annas Onkel mit dem Stallmiststreuer aus dem Hof fahren. Wie so eine Maschine arbeitet, kannst du auf Seite 109 sehen und nachlesen.

Im Frühling bei Anna und Jan

Über Pferde und Reiter

Als Anna und Jan bei der Koppel ankommen, laufen ihnen Schecki und Commander schon entgegen. Jan hält Schecki das Brot auf der flachen Hand hin und der nimmt es ganz vorsichtig mit seinen Lippen und frisst es dann.

Die Pferde auf der Koppel gehören Annas Familie: Schecki und Commander, der Schimmel, der dunkelbraune Donner und die Stute Blessi, die vor kurzem ein Fohlen bekommen hat.

Aber im Stall sind auch zwei Reitpferde untergestellt. Ihre Besitzer bezahlen Annas Eltern für die Boxenplätze mit Verpflegung. Und in ihrer Freizeit kommen sie zum Reiten ins Dorf. Sieh nur, eines der Reitpferde kommt gerade von einem Ausritt zurück!

Noch zwei Reiter sind unterwegs, und über die ärgert sich Annas Vater.

„Diese Städter!", schimpft er. „Die lernen's wohl nie, dass man im Frühling nicht mehr über die Felder reitet!" Da hat er natürlich Recht: Im Herbst und Winter, wenn die Felder abgeerntet, die Wiesen gemäht und die Weiden abgegrast sind, können die Pferde dort keinen Schaden anrichten. Aber im Frühling, wenn gesät oder gepflanzt ist und Gräser und Kräuter auf den Wiesen anfangen zu wachsen, wird dadurch ein Teil der Nutzpflanzen vernichtet.

Nutzpflanzen und Nutztiere

Nutzpflanzen sind Pflanzen, die dem Menschen nutzen. Das trifft auf sämtliche Pflanzen zu, die man in der Landwirtschaft anbaut. Sie werden entweder vom Menschen selbst verzehrt, von seinen Tieren oder dienen als Rohstoff zur weiteren Verarbeitung. Hier ein paar Beispiele: Gemüse wie Möhren und Bohnen essen wir Menschen selbst; Mais, Futterrüben, Klee und Gras dienen als Futter für die Tiere. Diese wiederum versorgen uns mit Fleisch, Milch und Eiern. Sie heißen darum auch Nutztiere.

Frühlingsboten und andere Vögel

Such diese Vögel in dem Bild der vorigen Doppelseite!

Die Schwalbe

Die Rauchschwalbe kehrt wie alle Schwalben im zeitigen Frühjahr, also etwa im April, aus dem warmen Afrika zu uns zurück. Sie baut dann ihr napfförmiges Nest aus Lehm und trockenem Gras unter Dachrinnen oder Gesimsen, in Ställen oder Scheunen. Mit ihrem stromlinienförmigen Körper, den sichelförmigen Flügeln und dem tief gegabelten Schwanz kann sie sowohl schnell fliegen als auch rasch die Flugrichtung ändern. Sie fängt im Flug Insekten und nimmt mit dem Schnabel Wasser von der Oberfläche eines Gewässers auf.

Der Storch

Auch er kehrt im Frühling aus Afrika zurück. Er baut sein Nest aus Zweigen und Reisern auf Bäume, oft auch auf Hausdächer. Ein Storchenpaar kehrt jedes Jahr zum selben Nest zurück. Sobald das Weibchen die Eier hineingelegt hat, brüten Storch und Störchin abwechselnd, bis die Jungen geschlüpft sind.

Die Saatkrähe

Diesem schwarzen Vogel kannst du auf dem Land häufig begegnen. Saatkrähen ernähren sich vor allem von Getreidekörnern, Früchten und Insekten. Sie leben gesellig, gehen gemeinsam auf Futtersuche und nisten in Kolonien. Männchen und Weibchen bauen zusammen ein unordentliches großes Nest. Zu jeder Brutzeit kehren sie zu diesem zurück und setzen es wieder instand.

Der Habicht

Der Habicht ist ein Greifvogel: Er besitzt starke gekrümmte Krallen, mit denen er seine Beute packt und tötet. Zu seinen Beutetieren zählen kleine Säugetiere wie Mäuse, Ratten und Hasen sowie Vögel. Doch er jagt auch frei herumlaufende Hühner.

Die Ente

Die Ente ist ein Wasservogel, also ein Vogel, der auf dem Wasser lebt.

Enten putzen ihr Gefieder sorgfältig und fetten es mit Fett aus der Bürzeldrüse gut ein. So werden die Federn nicht nass und die Kälte des Wassers dringt nicht bis an die Haut. Weil Enten Füße mit Schwimmhäuten haben, können sie sich geschickt im Wasser bewegen. Ihr Schnabel ist löffelartig. An der Innenseite befinden sich Hornlamellen, durch die die Enten das Wasser sieben. Kleine Nahrungsteilchen bleiben im Schnabel zurück und werden geschluckt.

Die Zucht von Enten ist recht einfach. Sobald sie einen Teich oder einen Flussabschnitt zur Verfügung haben, suchen sie sich ihr Futter selber: Grassamen, Körner, Wasserpflanzen, Würmer, Schnecken, Muscheln, Frösche, kleine Fische, Insekten und Kaulquappen.

Meine kleine Welt

Hallo, ich bin das kleine Entenküken. Hinter mir, auf der Enteninsel ruht sich meine Mutter aus. Aber ich bin nicht müde. Komm mit, dann zeige ich dir meine kleine Welt!

Wir wohnen auf der Enteninsel. Es gibt dort auch ein Entenhaus, falls es regnet oder kalt wird. Und hier, zwischen Seerosen und Schilf, bin ich am liebsten. Ist es nicht herrlich hier?

Beim Steg treffe ich meinen Freund, das Zicklein. Es hat auch noch eine Schwester. Siehst du sie?

Richtig, sie liegt im Schatten. Die Ziege mit den zwei Hörnern ist ihre Mutter. Auch mein Freund bekommt bald Hörnchen.

„Magst du ein wenig schwimmen?", frage ich ihn. Ganz vorsichtig kommt das Zicklein ans Wasser. „Iih, das ist ja nass!", meckert es. „Das ist doch schön!", sage ich. Doch die Ziege ruft: „Zum Schwimmen bist du noch zu klein!" Wie schade!

„Wo willst du denn hin?", fragt der Fisch neugierig.
„Zu meinen Freunden, den Pferden!", antworte ich.

Den Fisch mag ich nicht besonders gern. Er ist so groß!
Viel größer sind noch die Kuh und ihr Kalb. Doch vor ihnen

habe ich keine Angst. Sie sind weit weg auf der Brücke. In dem Loch am Ufer wohnt die Bisamratte. Sie schwimmt gut!

Jetzt will ich aber weiter, zu den Pferden. Sie haben hinter dem Schilf ihre Wasserstelle, auf der anderen Seite!

Neben der alten Trauerweide kann ich das Fohlen schon sehen. „Bist du durstig?", frage ich. „Ja, ich muss etwas trinken!"

Das Fohlen schlürft Wasser, bis es satt ist. Manchmal kommt es auch zum Planschen ins Wasser. Das spritzt!

Außer dem Fohlen und seiner Mutter gibt es noch mehr Pferde auf unserem Hof. Sie stehen im Stall, deshalb kannst du sie nicht sehen. Welche anderen Tiere hast du schon entdeckt? Auch die Libelle, den Frosch und den Schmetterling?

Familie Fischotter wohnt auch in der Nähe. Aber ich kenne sie nicht gut. Sie sehen mir zu gefährlich aus.

Vater Schwan bewacht seine Kinder. Er zischt jeden an, der seinen grauen Küken zu nahe kommt. Mich kennt er schon.

Ein Küken lässt sich zu mir ins Wasser gleiten. „Schwimmst du mit zu meiner Mutter? Sie sucht Futter!", sagt es. Ich komme mit.

„Darfst du mit mir auf den Hof gehen?", frage ich den kleinen Schwan. Seine Mutter antwortet: „Nein, das ist zu gefährlich!"

Für ein Entenküken ist der Bauernhof nicht gefährlich. Ich kenne die anderen Tiere schon. Du auch?

Die kleine Katze kommt neugierig näher. Aber die Henne passt nicht nur auf ihre Küken auf, sondern auch auf mich.

Das Hühnerküken und die Gänseküken sehen mir sehr ähnlich. Kannst du uns unterscheiden? Von fern höre ich Geschnatter, das wird meine Mutter sein: Ich muss zurück.
Jetzt habe ich dir meine kleine Welt gezeigt. Ist sie nicht schön?

Sommer am Mühlenweiher

Endlich ist Sommer! Anna und Jan verbringen jeden schönen Tag am Mühlenweiher. Blättere eine Seite weiter zu dem großen Bild, dann entdeckst du die beiden. Anna hat einen gelben Badeanzug mit Punkten an und Jan landet gerade klatsch! im Wasser. Von wo ist er wohl hinuntergesprungen? Der Mühlenweiher heißt so, weil in der Nähe eine Mühle steht. Ihr großes Rad wird vom Wasser des Baches angetrieben und setzt drinnen die Mühle in Gang. Es ist eine Getreidemühle und einige der Landwirte bringen einen Teil ihres Weizens zum Mahlen hin. Auch Annas Eltern.

Am Mühlenweiher wohnen eine Menge Tiere. Vor allem Frösche gibt es dort, die grünen Wasserfrösche mit den dunklen Flecken. Im Frühling kann man sie laut quaken hören. Findest du sie auf dem großen Bild? Ihre Lieblingsplätze sind die Seerosenblätter!

Wenn sich die Frösche im seichten Wasser des Weihers aufhalten, sind sie allerdings gefährdet. Dort spaziert nämlich oft der Storch vom nahen Bauernhof auf Nahrungssuche umher. Und auch bei diesem Reiher stehen Frösche auf dem Speisezettel.
Reglos hat er lange Zeit gewartet.
Jetzt aber schnellt sein Kopf blitzschnell nach vorn ins Wasser. Hat er wohl einen Fisch oder gar einen Frosch entdeckt?

Während der Ferien und an den Wochenenden sind die Dorfkinder nicht unter sich. Da kommen oft Leute aus der Stadt zum Schwimmen, Fischen oder Schnorcheln. Findest du den Schnorchler?
Manche bringen sich ihr Picknick in einem Korb mit, andere haben Grill und Holzkohle dabei und grillen Fleisch oder Würstchen.

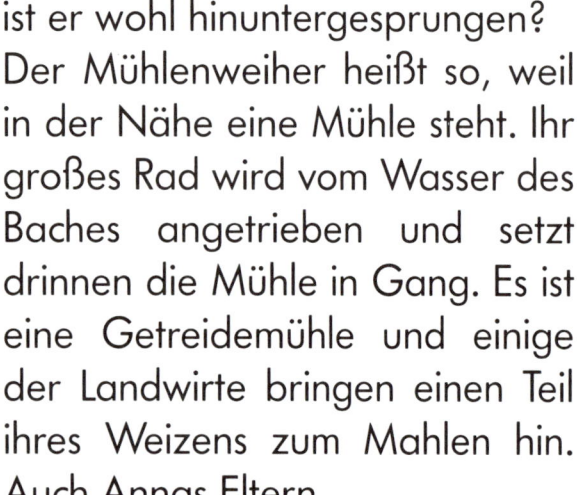

Wieder andere gehen nach einem schönen Tag am Weiher in den Lindenhof essen. Das ist die Dorfgaststätte. Du siehst sie in diesem Buch auf Seite 44, beim Dorffest im August.

Von Schafen, Schafhirten und Winterweizen

Doch nicht jeder hat Zeit, wie Jan, Anna und die anderen den Tag am Weiher zu verbringen!
Von Frühjahr bis Herbst zieht dieser Mann hier mit den Schafen und den Hütehunden von einem Weidegrund zum nächsten. Es ist der Schafhirt. Im April oder Mai sorgt er dafür, dass die Schafe geschoren werden. Er treibt sie dann in einen Pferch zu dem Scherer. Dieser schert einem Schaf nach dem anderen das Wollkleid in einem Stück herunter. Dazu benützt er einen elektrischen Scherapparat. Das Scheren tut den Schafen nicht weh, sie frieren nur danach ein bisschen, denn sie sind ja nackt.
Weißt du, was man aus der Wolle des Schafes machen kann? Strickgarn. Strickgarn für einen schönen warmen Pullover.

Siehst du die kleine steinerne Brücke, die über den Bach führt? Gleich daneben ist ein Schuppen, an dem gerade ein paar Dachziegel erneuert werden. Davor ist ein abgeerntetes Getreidefeld. Genauer gesagt, ein Feld, auf dem der Winterweizen bereits geschnitten wurde. Diese Getreidesorte wird im Herbst des Vorjahres gesät. Im zeitigen Frühjahr kannst du schon die hellgrünen Halme sprießen sehen.
Von diesem Feld tönt lautes Rattern bis zum Weiher. Es ist die Ballenschleuder. Von einem Trak-

tor gezogen, fährt sie über das Feld, sammelt das lose Stroh auf, presst es und schleudert es als eckige Ballen auf den Anhänger.

Im Sommer bei Anna und Jan

Der Hund

Der Hund gilt als das gelehrigste und anhänglichste Haustier. Er stammt von den Wölfen ab. In Jahrtausenden haben die Menschen über 200 verschiedene Hunderassen gezüchtet. Unten siehst du einen Golden Retriever mit seinen Jungen, den Welpen. Auf der gegenüberliegenden Seite steht ein Collie. Welche Hunderassen kennst du noch?

Alle Hunde haben eine Schnauze mit Tasthaaren, runde Pupillen und eine nackte feuchte Nase. Der Geruchssinn ist besonders gut ausgeprägt. So können Hunde sogar Spuren riechen, die schon einen Tag alt sind. Die kräftigen Zähne zeigen, dass der Hund ein Fleischfresser ist. Als Raubjäger braucht er einen schlanken Rumpf und kräftige Beine, sodass er ausdauernd laufen kann. An den Füßen hat er große, harte Ballen und die

Zehen sind mit kurzen, stumpfen Krallen ausgestattet. Damit kann er sich auch auf steinigem Grund fortbewegen, ohne sich zu verletzen. Seine Ohren hören weitaus besser als unsere. Hunde jagen hinter allem her, was sich von ihnen fortbewegt: Hasen, Mäuse, aber auch Radfahrer. Deshalb soll man vor Hunden nie weglaufen. Einmal im Jahr kann die Hündin vier bis sechs Junge bekommen, die fast völlig hilflos sind. Acht Wochen müssen sie von ihrer Mutter gesäugt werden. Frühestens dann dürfen sie von ihr getrennt werden. Hunde leisten wertvolle Arbeit für den Menschen: Sie sind Blindenhunde oder Wachhunde, Jagdhunde oder Lawinenhunde, Hütehunde, Spürhunde oder Schlittenhunde. Menschen nutzen dabei die Fähigkeiten der Hunde, wie gutes Gehör und Spürsinn, und lehren die Hunde, sie anders einzusetzen. Oft ist ein Hund aber auch ganz einfach der beste Freund eines Menschen. Er ist sehr anhänglich und begleitet ihn viele Jahre lang.

Guten Morgen, ihr Tiere

Hallo, ich heiße Bobbi. Heute früh bin ich als Erster wach geworden. Meine Mutter und meine Geschwister schlafen noch. Ob wohl die anderen Tiere schon wach sind? Ich werde nachsehen.

Oh ja, die Kuh und ihr Kalb sind schon auf den Beinen. Mhmhm, wie die Milch duftet! Darf ich auch mal trinken?

Aber das Kalb ist hungrig und trinkt, bis der Eimer leer ist. „Guten Morgen, Kätzchen!", begrüße ich die Katzen.

Draußen ist es schon ganz hell. Und natürlich ist der Hahn wach. Er hat mich doch mit seinem „Kikeriki!" geweckt.

Auch die Henne und ihre Küken sind bereits beim Frühstück. „Picken musst du! Dann findest du vielleicht einen Regenwurm!"

Das Küken gibt sich große Mühe. Puh, Regenwurm ist nicht gerade meine Lieblingsspeise! Dafür mögen Hühner keine Knochen.

„Willst du mit mir raufen?", frage ich das Küken.
„Nein, nein! Küken raufen doch nicht!", antwortet es erstaunt.

Auf der anderen Seite des Zauns grasen die Schafe mit ihren Lämmern. „Guten Morgen. Wer mag mit mir spielen?", frage ich.

„Ich, ich", blökt ein kleines Lamm. „Ich auch!", sagt ein anderes.
„Wir spielen Fangen!", rufe ich.

Schnell wie der Wind laufen die beiden Lämmer weg. Als ich eines fast erreiche, springt es ängstlich zu seiner Mutter.

„Vor Hunden haben kleine Schafe doch ein bisschen Angst", erklärt mir das alte Schaf. Nun ja, ich wollte nur spielen!

„Guten Morgen, Pferde!", belle ich freundlich. Und dann renne ich mit ihnen einmal bis zum Waldrand und wieder zurück.

Habe ich einen Durst! Ich trinke vom kühlen Wasser des Ententeichs. Ein Entchen schaut mir zu. „Guten Morgen!", piepst es.

„Du kannst gut schwimmen! Zeigst du mir, wie das geht?", frage ich. „Du musst nur immer kräftig mit den Schwimmfüßen paddeln!"

Aber ich habe doch gar keine Schwimmfüße! Ich werde erst meine Mutter um Erlaubnis fragen, sonst gehe ich unter!

Auf dem Heimweg schaue ich noch bei den Schweinen vorbei. Ein Ferkel frisst schmatzend aus dem Trog. Ich bin hungrig!

„Willst du etwas von meinem Apfel?", fragt die Maus. Hunde fressen doch keine Äpfel! Aber ich sage freundlich: „Nein, danke."

Drei Ferkel saugen Milch bei der großen Sau. Und eines klettert sogar auf ihr herum. Das mache ich bei meiner Mama auch.

„Bobbi! Frühstück!", bellt eine bekannte Stimme. „Ich komme!", antworte ich und mache mich auf den Weg.

Das Huhn

Hier kannst du eine Henne und einen Hahn sehen. Die Henne hat kurze Schwanzfedern und einen kleinen Kamm. Den Hahn erkennst du an den langen, schillernden Schwanzfedern und dem großen Kamm. Morgens kannst du ihn auch hören: Sein Kikeriki schallt durch das ganze Dorf. Hahn und Henne haben einen spitzen harten Schnabel und kräftige Füße, mit denen sie gut am Boden scharren können. Dort finden sie ihre Nahrung: Körner, Samen, Käfer, Wür-

mer und Schnecken. Das Huhn legt fast jeden Tag ein Ei, insgesamt über 200 Stück im Jahr. Leben Hühner mit einem Hahn zusammen, dann können aus den Eiern kleine Küken entstehen. Dazu muss ein Huhn drei Wochen lang auf den Eiern sitzen und sie warm halten. Küken, die geschlüpft sind, können schon wenig später laufen, scharren, picken und fressen. Doch ihre Mutter, die Glucke, muss sie noch vor den vielen Feinden beschützen, vor Elstern, Katzen, Füchsen, Krähen, Möwen und Wieseln.

Zum Dorffest bei Anna und Jan

Sicher warst du schon einmal auf einer Kirchweih oder Kirmes in deiner Stadt.

Aber hast du auch schon ein Dorffest miterlebt? Noch dazu ein Dorffest in Bayern? Denn dort liegt das Dorf, in dem Anna und Jan wohnen. Und so ist dieses Fest Kirchweih, Bierfest und Musikfest in einem. Blättere nur um, dann siehst du es selbst!

Das Dorffest findet jedes Jahr im August statt. Der Höhepunkt dabei ist ein Festzug am Sonntagnachmittag. Sogar aus der Stadt kommen die Leute, um ihn sich anzuschauen und um Fotos zu machen. Entdeckst du diesen Besucher mit Kamera?

Im ersten Wagen fährt immer die Zucchinikönigin oder der Zucchinikönig vom letzten Jahr. Wie man das wird? Nun, es findet ein Wettbewerb statt. Die Dorfbewohner lassen ihre Zucchini wiegen. Wer die schwerste anbringt, gewinnt einen Preis und wird Zucchinikönig oder -königin. Auch Anna nimmt in diesem Jahr am Wettbewerb teil. Findest du sie auf dem Bild? Jan ist bei ihr.

Er soll von seiner Mutter einen Kuchen abliefern. Dieser wird stückweise verkauft. Und für das Geld kann sich der Musikverein neue Instrumente anschaffen.

Am lustigsten finden die Leute aus der Stadt in diesem Jahr den Wagen mit den Schweinen. Vor allem weil sich einige mit Genuss über den Pflanzenschmuck hermachen! Die Kinder aber lieben vor allem den Traktor, von dem aus Bonbons geworfen werden. Und was gefällt dir am besten bei diesem Festzug? Vielleicht die Henne, die mit ihren Küken nebenher läuft?

Wie du siehst, sind im Hof des Gasthauses „Lindenhof" Tische und Bänke aufgestellt. Auch der Schanktisch ist draußen. Und der Wirt selbst zapft das Bier. Ein paar Fässer stehen daneben.

Wo es Cola und Limo gibt, willst du wissen? Nun, das wird auf der Rückseite des Gasthauses zum Fenster hinaus verkauft. Doch das kannst du natürlich nicht sehen. Dafür hast du bestimmt schon längst die Bratwurstbude entdeckt, stimmt's?

Findest du auch die Frauen und Männer vom Gesangverein? Die Frauen sind alle in Rot gekleidet, die Männer in Blau. Während sie singen, wird hinter ihnen auf dem Festplatz der Maibaum aufgestellt. Der Maibaum ist ein langer Baumstamm, meist ein Fichtenstamm. Die Äste sind abgeschlagen, nur die Spitze hat man ihm gelassen. Und ein Fichtenkranz, der mit Bändern umwunden ist, schmückt ihn.

Solch einen Baum bei Volksfesten aufzustellen ist ein alter Brauch. Und da die meisten Feste im Frühsommer, also im Mai stattfinden, heißt der Baum Maibaum – auch wenn er erst im August aufgestellt wird.

Aber rate mal, was Anna und Jan nachher tun werden! Einen Luftballon kaufen? Nein, das tun die beiden erst kurz vor dem Heimgehen. Ihr Glück an der Schießbude versuchen? Auch nicht, denn dafür sind sie noch zu klein.

Da bleibt eigentlich nur noch Kettenkarussell fahren. Suche den Karussellbesitzer, bei dem die beiden bezahlen müssen! Und dann erzähle, mit was für einem Karussell du schon einmal gefahren bist!

Im August bei Anna und Jan

Die Gans

Die Gans ist ein großer, schwerer Wasservogel mit einem flachen orangefarbenen Schnabel. Auch ihre Beine sind orange und ziemlich kurz. Mit den Schwimmhäuten zwischen den Zehen kann sie sich schnell und sicher im Wasser fortbewegen. Sie frisst hauptsächlich Gras und Wasserpflanzen.

Gänse fühlen sich in der Herde sicher und können Feinde vertreiben. Sie hören so gut, dass sie Gefahren eher bemerken als Wachhunde und sie durch lautes Schnattern anzeigen.

Im Frühling legt die Gans bis zu zwölf Eier, aus denen nach 29 Tagen die Küken schlüpfen. Sie werden von ihren Eltern gleich mit auf die Wiese und ans Wasser geführt, denn sie müssen von Anfang an allein fressen.

10 kleine Ponys

ZEHN Ponys wollen aus dem Stall,
doch eins muss drinnen bleiben.
Es ist verletzt, drum schaut es zu,
was NEUN da draußen treiben.

NEUN Ponys springen froh davon.
Eins wälzt sich, streckt die Beine.
ACHT setzen übern Weidezaun.
Stimmt nicht! Was macht das kleine?

Die ACHT erreichen bald den Teich.
Ein Pony bleibt gleich dort,
trinkt Wasser, hört dem Entchen zu.
Doch SIEBEN stürmen fort.

Die SIEBEN kommen nun zur Hecke
und zu dem breiten Bach.
SECHS Ponys springen hopp! darüber.
Das kleinste kann nicht nach.

SECHS Ponys sind im dichten Wald,
eins bleibt beim Rehkitz stehn,
bei Eichhörnchen, bei Wildschwein, Specht.
FÜNF siehst du weitergehn.

FÜNF Ponys kommen auf die Weide zu Ziege, Hund und Schafen.

**Eins macht gleich Wettlauf mit dem Hund,
VIER ruhn sich aus und schlafen.**

VIER wollen übern schmalen Fluss,
DREI schwimmen rasch das Stückchen.
Doch eines scheut das kalte Wasser
und sucht nach einem Brückchen.

DREI haben Hasen, Hühner, Kuh und auch den Pfau entdeckt.
ZWEI Ponys laufen Richtung Stall.
Doch sieh, was einem schmeckt!

ZWEI Ponys, davon wartet eins geduldig auf den Schmied.

EIN Pony aber scheucht ein Huhn –
hör auf, du Störenfried!

NEUN Ponys siehst du hier im Stall
und in den Boxen stehn.
EINS kommt gerad' zur Tür herein,
und schon sind's wieder ZEHN.

Das Pferd

Pferde gibt es in sehr unterschiedlichen Farben: Füchse haben ein rötliches Fell, Rappen sind schwarz, Schimmel weiß und Schecken haben helle Flecken. Auf dieser Seite siehst du das Pferd einer kleinen Rasse. Sicher weißt du, wie es heißt! Richtig, es ist ein Pony, genauer gesagt ein Shetland-Pony. Weil es nur etwa einen Meter hoch wird, eignet es sich gut als Reitpferd für Kinder. Alle Pferde besitzen am Hals eine Mähne. Mit ihren großen Nasenlöchern, den Nüstern, können sie vorzüglich riechen und mit ihren beweglichen Ohren gut hören. Die seitlich gestellten Augen sehen jedoch nicht besonders gut. Pferde sind reine Pflanzenfresser, die das Gras mit den Zähnen abrupfen und gründlich kauen.

Für Heu, Hafer und längere Gräser nehmen sie die weichen, beweglichen Lippen zu Hilfe. Wenn du ihnen etwas zu fressen anbietest, musst du immer die flache Hand dazu nehmen. Dann holen sie sich das Futter mit den Lippen herunter und beißen dich nicht.

Vom dritten Lebensjahr an kann die Stute, so heißt das weibliche Pferd, jedes Jahr ein Junges zur Welt bringen. Es kann der Mutter sofort folgen und den Sommer über führt sie es auf die Weide. Sie säugt es etwa sechs Wochen lang, doch bereits nach zwei Wochen fängt es an, Gras zu zupfen wie die Mutter.

Pferde dienten dem Menschen jahrtausendelang als Zugtiere, später auch als Reittiere. Heutzutage braucht man sie hauptsächlich als Reittiere für Freizeit und Sport.

Die Pflaumen sind reif!

Es ist Anfang September. Anna, Jan und ihre Freunde haben noch immer Sommerferien und viel Zeit zum Spielen. Du weißt ja, dass ihr Dorf in Bayern liegt. Und dort fangen die Ferien viel später an als woanders in Deutschland. Blättere einmal weiter! Wenn du diese Ziege entdeckst, dann findest du auch Anna und Jan. Anna trägt ein rotes Kleid mit weißen Blümchen und Jan hat seine kurzen ausgefransten Jeans an.

Am Bach oberhalb des Mühlenweihers kommen die Kinder jetzt am liebsten zusammen. Dort können sie nicht nur auf der Wiese um die Wette Purzelbäume schlagen. Sie können auch im flachen Bach Schiffchen fahren lassen und versuchen, Forellen zu fangen. Und – sie können auch die reifen Pflaumen gleich vom Baum naschen. Wie Anna wohl ohne Leiter dort hinauf gelangt ist? Genau so, wie das Mädchen auf den Baum daneben steigt: Jan hat ihr mit beiden Händen ein Treppchen gemacht.

Von Kindern und Kühen

Aber auf dem Bild siehst du noch mehr Kinder. Es ist eine Schulklasse mit Lehrerin und Lehrer. Sie kommen aus Berlin und verbringen eine Woche im Landschulheim. Heute machen sie eine große Wanderung. Dabei kommen sie auch an der Weide mit den Kühen vorbei. „Fasst den Zaun nicht an, sonst kriegt ihr eine gewischt!", ruft der Lehrer. Doch ein Mädchen will es nicht glauben. „Aua!", schreit sie. Eigentlich mehr vor Schreck, denn so ein kleiner elektrischer Schlag ist nur unangenehm. Er hindert aber die Kühe daran, aus der Weide auszubrechen.

Sobald es im Frühling warm genug ist, werden die Kühe morgens nach dem Melken auf die Weide hinausgetrieben. Bis zum Herbst verbringen sie nun die Tage draußen, spazieren langsam über die Wiese, fressen Gras und Kräuter und legen sich dann zum Wieder-

käuen hin. Nachmittags werden sie zum Melken wieder in den Stall geholt.
Und wo können sie Wasser trinken, wenn sie Durst haben?

Suche einmal diese Kuh, dann findest du auch den Wasser-Tankwagen.

Auch das Getreide ist reif

Anfang September wird auch das im Frühjahr gesäte Getreide reif. Auf dem großen Feld hinter den Pflaumenbäumen fährt eine riesige rote Maschine hin und her: der Mähdrescher. Er schneidet das Getreide ab, sammelt die Körner im Körnertank und wirft das lose Stroh nach hinten aus. (Was dabei genau vor sich geht, kannst du auf Seite 110 nachlesen.)

Anschließend wird die hier abgebildete Maschine an einen Traktor gekoppelt. Es ist eine Ballenpresse.
Am vorderen Teil besitzt sie Rechen, die das lose Stroh aufsammeln und in die Maschine befördern. In der so genannten Presskammer wird es mit Hilfe von großen Metallrollen gepresst und aufgerollt. Wenn der Ballen eine bestimmte Größe erreicht hat, umwickelt ihn die Maschine mit einem Netz oder mit Garn. Danach spuckt sie das riesige Strohrad aus dem Heck. Je nach Ballenpresse kann so ein Ballen einen Durchmesser zwischen 90 und 170 cm haben.

Mit der Ladegabel des Traktors werden die Ballen auf einen Anhänger geladen. Sie werden dann zum Bauernhof gebracht, wo man das Stroh als Streu in den Ställen braucht.

Siehst du den Traktor auf dem abgeernteten Feld daneben? Er zieht einen Grubber, ein Gerät mit langen Eisenzinken, um die Erde tief zu lockern.

Doch wie ist wohl der Esel zu dem Strohhut gekommen? Denk dir eine Geschichte aus!

Anfang September bei Anna und Jan

Das Hauskaninchen

Das Hauskaninchen sieht dem Hasen ähnlich, ist jedoch kleiner und hat kürzere Ohren. Es gibt viele verschiedene Rassen, die sich in der Größe, der Farbe und der Haarlänge unterscheiden. So können sie zwischen zwei und zehn Kilogramm wiegen. Auf dem Bauernhof ist die Pflege des Kaninchens recht einfach. Es braucht nur einen Käfig mit Stroh, in dem es sich gut ausstrecken kann, und Futter: Gras, Löwenzahn, Kohlblätter und Mohrrüben. Dreimal im Jahr kann das Muttertier Junge bekommen, bis zu zwölf Kaninchen pro Wurf. Die Kleinen sind nackt und blind und auf die Mutter angewiesen. Nach drei bis sechs Wochen sind sie selbständig.

Komm mit, sagt das Kaninchen

Hallo, ich heiße Max und bin ein kleines Kaninchen. Hinter mir kannst du Moritz sehen, meinen Bruder. Vor dem Stall sitzt meine Mutter.
Sie passt auf uns auf.

Im Stall sitzt mein Vater. Er will heute nicht heraus. So, nun kennst du meine ganze Familie. Komm mit, dann zeige ich dir auch alle Tierkinder, die auf unserem Hof wohnen.

Ich bin noch so klein, dass ich gut ins Hühnerhaus hineinschlüpfen kann. Hier ist es dämmerig und gemütlich warm.

Ich schnuppere an dem kleinen, wollig-gelben Küken. Es hat gar keine Angst vor mir. Seine Mutter, die Henne, passt ja auf.

„Hallo, spielt ihr mit mir?", frage ich die Küken. „Au ja! Wir spielen Verstecken. Du suchst!", piepst eines.

Plötzlich sind alle Küken weg! Sie haben sich unter den Flügeln ihrer Mutter versteckt. Da kann ich doch nicht hin!

Hier siehst du die kleinen Schweinchen. Sie heißen Ferkel. Kannst du sie zählen? Fünf sind es, richtig! Doch im Stall sind noch mehr. Im Ganzen sind es zehn Ferkel!
Die Sau hat eine große Familie und immer viel zu tun.

„Schmeckt es dir?", frage ich ein Ferkel. Aber es gibt keine Antwort. Es grunzt nur kurz. Ich schnuppere am Futtertrog.

Das riecht ganz anders als mein Futter. Ich geh lieber weiter und suche mir eine Wiese mit saftigem, grünem Gras.

Ja, hier schmeckt es mir! Und den Schafen auch. Die Lämmer probieren es auch, aber sie trinken noch viel Schafsmilch.

„Aua! Du hast mich gepikst, Igel!", jault der kleine Hund. Erschrocken flüchte ich auf einen Baumstamm.

„Springen wir um die Wette?", blökt das Lamm neben mir. „Aber klar doch! Auf die Plätze, fertig, los!", rufe ich.

Ich flitze los, das Lamm auch. Es ist fast so schnell wie ich.
Wer kommt wohl als Erster bei den Kühen an?

„Ich habe gewonnen!", rufe ich. Aber das Lamm hört mich nicht. Es ist zu seiner Mutter zurückgerannt. Schade!

Die Kälber sind riesig groß. Ich fürchte mich ein wenig und hoppele zum Teich. Bin ich durstig! Das Wasser schmeckt gut.

Neben dem Holzstoß kannst du die kleinen Gänschen sehen. Sie sind genauso gelb wie die Hühnerküken. Neugierig nähere ich mich. Doch das mag Mutter Gans gar nicht. Sie zischt und droht mir mit ihrem harten Schnabel. Ich renne lieber schnell weg.

Ganz außer Atem komme ich bei meiner Mutter an. „Wo bist du gewesen? Wir haben dich schon sehr vermisst!", sagt sie.

„Ich war bei allen Tierkindern, die es auf unserem Hof gibt", erzähle ich. „Bei den Küken, den Ferkeln und den Lämmern, bei

den kleinen Hunden und den Kälbern. Nur zu den Gänschen durfte ich nicht. Die Gans hat mich fortgejagt!"

„Bloß uns hast du vergessen!", tönt es hinter mir. Tatsächlich, die Kätzchen habe ich nicht besucht. Das hole ich gleich nach.

Kartoffel- und Apfelernte

Weißt du, welches Gemüse und welches Obst im Herbst reif ist? Blättere einmal zur nächsten Seite, dann kannst du es herausfinden. Und bestimmt entdeckst du auch Jan und Anna. Was hält Jan wohl in die Luft? Es ist ... eine Kartoffel. Jawohl, und zwar eine heiße!

Auf dem Acker werden gerade die Kartoffeln mit einer Maschine geerntet. Sie heißt Kartoffel-Sammelroder. Wie sie arbeitet, kannst du auf Seite 111 ausführlich nachlesen.

Bei der Ernte mit der Maschine bleiben immer einige Kartoffeln auf dem Acker zurück. Sie werden von Hand aufgesammelt und danach in Säcke gefüllt.

Dabei haben Anna, Jan und die andern Kinder geholfen. Und nun dürfen sich alle ein paar Kartoffeln im Feuer garen. Du siehst ja, wie sie das machen: Jeder spießt sich eine Kartoffel auf einen Stock auf und hält sie dann so lange in die Glut, bis sie gar ist. Man braucht ein bisschen Geduld. Und vor allem muss man die Kartoffeln vor dem Essen etwas abkühlen lassen. Aber sie schmecken ganz herrlich, das kannst du Jan und Anna glauben!

Auf der Wiese nebenan sind viele Leute mit dem Ernten von Äpfeln beschäftigt. Die Früchte werden mit der Hand oder dem Obstpflücker vom Baum gepflückt. Ein Obstpflücker ist eine lange Stange, an deren Ende ein gewellter Metallring mit einem Stoffsäckchen befestigt ist. Findest du diese Frau mit Obstpflücker im Bild? Ohne Leiter erntet sie damit hoch hängende Früchte. Sie rupft sie mit dem Metallring so ab, dass sie in das Säckchen fallen. Sobald mehrere Früchte darin sind und es zu schwer wird, leert sie es aus.

Siehst du auch, in welche Behälter die Leute von den Leitern aus die Äpfel pflücken? Richtig, in Eimer. Man befestigt sie mit S-förmigen

Metallhaken an einem Ast. Hoppla, wer baumelt denn plötzlich schreiend in der Luft, weil ihm der Hocker unter den Füßen weggekippt ist? Es ist ein Mann aus der Stadt. Er ist mit seiner Frau in dem gelben Auto gekommen, das am Straßenrand parkt, und darf sich die Äpfel selbst pflücken. Ob er schon weiß, dass jemand auf sein Auto draufgefahren ist?

Dieser Mann jedenfalls merkt nichts von dem, was um ihn herum vorgeht. Suche ihn auf dem großen Bild der nächsten Seite und erzähle, warum er ganz bestimmt gleich aufwachen wird.

Der Bauer und seine Helfer legen die Äpfel in stapelbare Steigen. Ein großer Teil wird auf dem Markt verkauft, der andere Teil eingekellert.
Findest du diese beiden Steigen?

Fallobst nennt man Äpfel, die vom Baum gefallen sind. Sie werden aufgesammelt, in die Kelterei gebracht und dort zu Saft oder Most verarbeitet.

Am Wiesenrand bietet ein Bauer allerlei an: frisch gepflückte Äpfel, Kartoffeln und Flaschen mit Saft und Most. Den Saft kann man sogar probieren! Und was möchte er außerdem verkaufen?
All das, was auf diesem Tisch liegt!

Auch Mais wird geerntet

Im Herbst reift auch der Mais und wird geerntet. Die Maschine, die der Landwirt dabei benutzt, heißt Maishäcksler. Sie schneidet die Maispflanzen ab, zerkleinert sie und bläst das Häcksel in den Anhänger. (Einzelheiten darüber kannst du auf Seite 111 lesen.) Der gehäckselte Mais wird im Silo vergoren und dient den Rindern im Winter als Grünfutter.

Sicher hast du bei euch auf dem Markt oder in einem Geschäft schon einmal Maiskolben gesehen. Dies ist eine andere, viel zartere Maissorte, der Gemüsemais. Gegrillt oder in Wasser gegart schmeckt er ganz lecker!

Zur Ernte bei Anna und Jan

Das Schaf

Schafe sind ängstliche Tiere, die sich nur in der Herde wohl fühlen. Sie ahmen einander nach, fressen gemeinsam und schlafen zusammen. Im Winter stehen sie meist im Stall, aber sobald es warm genug ist, werden sie auf die Wiese geführt. Dort fressen sie Gras, Kräuter und Blumen. Wie die Kühe sind auch die Schafe Wiederkäuer. Ihr wolliges Fell wird einmal im Jahr geschoren und ebenso wie Fleisch und Milch der Schafe verkauft. Im Herbst paaren sich die Schafe, und nach 150 Tagen, also im Frühling, bringt das Muttertier ein oder zwei Lämmer zur Welt. Sie können gleich auf eigenen Beinen stehen, brauchen die Mutter aber als Schutz und Nahrungsquelle. Ältere Lämmer spielen miteinander und machen dabei lustige Bocksprünge.

Das Rind

Das Rind ist ein großes plumpes Tier mit einem breiten Maul, großen feuchten Nasenlöchern, seitlich sitzenden Augen und beweglichen Ohren. Der lange Schwanz hat am Ende ein Haarbüschel und wedelt die Insekten fort.

Das Rind ist ein Weidetier, das viele Stunden am Tag und in der Nacht grast. Es frisst täglich ein bis zwei Zentner Gras, Kräuter und Löwenzahn und schluckt sie unzerkaut hinunter. Erst später setzt es sich hin, stößt das Gefressene wieder auf und zerkaut es gründlich. Dazu braucht es, wie alle Wiederkäuer, vier Mägen.

Das weibliche Rind heißt Kuh, das männliche Stier und ihr Kind nennt man Kalb.

Auf dem Bild unten siehst du ein Kalb und ein noch junges Rind.

Kuhstall und Maisernte

die Kuh

das Kalb

der Melkstand

der Kraftfutterautomat

der Kälbereimer

der Handwagen

die Melkmaschine

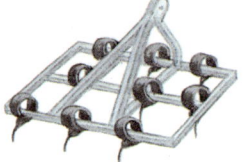
der Grubber

der Kompost

Die Katze

Katzen sehen recht unterschiedlich aus: schwarz, weiß, grau oder rötlich gefleckt oder getigert, mit glattem, weichem oder wuscheligem Fell.

Aber alle haben Krallen, die sie einziehen können und die ihnen beim Klettern helfen. Sie haben außerdem scharfe Zähne, gute Ohren, Schnurrhaare und einen Schwanz. Damit halten sie beim Balancieren das Gleichgewicht.

Die Katze frisst Mäuse, Vögel, Fisch und trinkt gern Milch. Da sie ein Raubtier ist, hält sie dem Bauern den Hof mäusefrei. Die Katze ist ein eigenwilliges Tier, das sich zu nichts zwingen lässt. Wenn sie zufrieden ist, gibt sie ein leises Schnurren von sich. Aber wenn eine Katze das Rückenfell sträubt, einen Buckel macht und faucht, dann halte lieber Abstand! Ihre Krallen können nämlich heftig kratzen.

Die Katze kann zweimal im Jahr

Junge werfen. Acht bis neun Wochen nach der Befruchtung kommen meist drei bis fünf Kätzchen zur Welt. Sie sind taub und blind und ziemlich hilflos, aber die Zitzen der Mutter finden sie doch. Nach 10 Tagen öffnen sie die Augen. Diese sind blau und bekommen erst später ihre richtige Farbe. Die Katzenmutter leckt ihre Kleinen immer gut sauber und beschützt sie sorgfältig. Bei Gefahr trägt sie die Jungen fort, indem sie sie mit den Zähnen an der Genickhaut festhält. Die Kätzchen halten dabei ganz still, sie sind in der „Tragestarre". Sonst raufen, spielen und balgen die kleinen Katzen viel miteinander und lernen dabei anschleichen, zupacken, Beute festhalten, klettern und springen. Die Katzenwäsche können sie bald allein erledigen: Sie putzen sich mit der Zunge oder mit den angefeuchteten Pfoten das ganze Fell, und zwar jeden Tag sehr gründlich. Bevor die Kätzchen von ihrer Mutter getrennt werden, sollten sie 8–12 Wochen alt sein.

Tiger

Ich bin Tiger. Natürlich bin ich kein richtiger Tiger. Ich heiße nur so, wegen der schönen Streifen auf meinem Fell. „Guten Morgen!", rufe ich fröhlich. Das Fohlen wiehert leise.

„Warum liegst du am Boden? Bist du wohl noch müde?", frage ich. „Nein, ich bin schon wieder müde. Ich bin rasend schnell um die ganze Koppel herumgetrabt. Jetzt verschnaufe ich!", erzählt das Fohlen.
Meine Mutter ruft mich. „Ade!"

Meine Mutter ist mit meinen Schwestern hinter dem Stall. Meine Schwestern Lina und Lisa haben keine Streifen. Nur meine Mutter sieht genauso aus wie ich. Lina will mit dem Kaninchen spielen. „Lass mich in Ruhe! Ich will fressen", knurrt es.

„Kommt, wir spielen mit den jungen Hunden!", schlage ich vor. „Nein, die sind zu wild. Du traust dich doch auch nicht zu ihnen hin!", meint Lisa. „Aber klar! Ich bin doch der Tiger!", antworte ich mutig.
Wenn das bloß gut geht!

Leise und vorsichtig schleiche ich in den Garten. Zwischen den Blumen kann ich mich verstecken und die Hunde beobachten.

Die Hundehütte ist leer. Sind sie gar nicht daheim? Aber ich kann sie doch hören! Sie sind hier irgendwo im Garten.

„Wuff, wer bist denn du?", knurrt es plötzlich hinter mir. „Ich bin Tiger!", sage ich.
„Mama, ein Tiger, schau mal!"

Alle rennen auf mich zu. Ich laufe lieber weg. Zum Glück ist im Zaun ein Loch, durch das ich entkommen kann.

Bei den Ziegen bin ich sicher. Sie beachten mich gar nicht, nur ein Zicklein schaut mich an. „Ich bin Tiger!", maunze ich.

„Mehehe!", meckert das Zicklein. „Für einen Tiger bist du aber ziemlich klein! Magst du mit mir spielen?" – „O ja!"

Zuerst spielen wir, wer am höchsten springen kann. Danach wer am besten klettern kann, um die Wette rennen und noch viele andere Spiele. „Das hat mir viel Spaß gemacht. Jetzt muss ich zu Mutter, sie hat gerufen!", sagt das Zicklein.

Am Waldrand sehe ich große Hirsche. Sie schauen mich an, äsen dann aber ruhig weiter.
„Tok, tok, tok", tönt es. Erschrocken drehe ich mich um. „Keine Angst, das ist nur der Specht!", meint das Eichhörnchen. „Kletterst du mit mir?"

Gern. Wir klettern zusammen den Baumstamm hinauf. Das Eichhörnchen ist so schnell, dass mir ganz schwindlig wird. Und dann rennt es kopfüber den Stamm hinunter! Toll! Das kann ich nicht! Das muss ich Mama erzählen. „Tschüs!"

Von Schweinen und Hühnern

Du liebe Zeit, ist das heute ein Gequieke auf dem Hof von Jans Eltern! Ein gelber Transporter ist gekommen, um die gemästeten Schweine abzuholen. Sie sind jetzt etwa fünf Monate alt. Und jedes wiegt ungefähr einhundert Kilo, fast zehnmal so viel wie bei der Geburt.

Der Viehaufkäufer (du erkennst ihn an den kurzen blonden Locken und dem Bart), Jans Onkel und der Opa versuchen die Schweine hineinzutreiben, denn nicht alle laufen freiwillig über die Rampe ins Auto. Eines wälzt sich noch genüsslich auf dem Misthaufen und zwei versuchen sogar auszureißen. Blättere eine Seite weiter, dann siehst du, wie dieses hier Jans Onkel umwirft! Und bestimmt entdeckst du Jan und Anna! Die beiden suchen im Gemüsegarten nach den Eiern, die die frei herumlaufenden Hühner nicht ins Nest gelegt haben. Wie viele Hühner haben Jans Eltern? Und wo versteckt sich der Hahn?

Finde heraus, welche Arten von Geflügel es auf dem Bauernhof außerdem gibt!

Bevor der Viehtransporter gekommen ist, hat Opa auf dem Hackklotz Holz für den Kachelofen gehackt. Im Spätherbst wird es abends schon manchmal recht frisch. Dann wird der Kachelofen angezündet. Das ist eine Aufgabe die Jan schon übernehmen darf. Allerdings nur, wenn ein Erwachsener dabei ist, denn Streichhölzer und Feuer sind eine gefährliche Sache! Aber das weiß ja jedes Kind, oder?

Du solltest mal sehen, wie wohlig sich Jans schwarze Lieblingskatze Mohrle auf dem warmen Ofen ausstreckt! Entdeckst du sie auf dem Bild? Die sich neben dem Brunnen duckt, ist es nicht. Das ist Tiger. Und die graue beim Spinnennetz auch nicht. Richtig, Mohrle versteckt sich unterm Traktor im Maschinen- und Geräteschuppen.

Im Maschinen- und Geräteschuppen

Hier arbeitet der Lehrling Jürgen. Er hat den Traktor auf ein paar Steine aufgebockt und wechselt ein Rad. Siehst du den Schneepflug? Er wird im Winter vor den Traktor montiert. Dann wird damit im Hof der Schnee geräumt, sodass der Zugang zu den Ställen frei ist.

Der rote Pflug und die grüne Kartoffel-Legemaschine sind gereinigt und werden erst wieder im Frühjahr gebraucht. (Wenn du wissen willst, wie ein Pflug funktioniert, schlage Seite 109 auf!) Die grüne Kartoffel-Legemaschine wird hinten an den Traktor gekoppelt und der Behälter mit Pflanzknollen gefüllt. So nennt man die Kartoffeln, die in die Erde gelegt werden, damit daraus neue Kartoffelpflanzen wachsen. Während der Traktor die Maschine über das Feld zieht, legt diese die Kartoffeln ab und häufelt mit den tellerförmigen Zudeckscheiben Erde an.

Das blaue Gerät zwischen der Kartoffel-Legemaschine und dem Pflug ist ein Kreiselschwader. Er wird hinten an den Traktor gekoppelt, um geschnittenes Gras oder Heu in Schwaden zu legen. Heu kann so von der Ballenpresse gut aufgenommen und zu Ballen gepresst werden.

Bestimmt erkennst du diesen Gegenstand sofort und findest ihn auch  im Bild wieder. Richtig, es ist ein Reitsattel. Aber weißt du auch, was das hier ist? Es heißt Kumt oder Kummet und ist ein gepolsterter Bügel. Als bei uns noch Zugtiere die landwirtschaftlichen Geräte zogen, wurde das Kumt einem Pferd oder Ochsen um den Hals gelegt. An den Haken wurden die Zuggurte befestigt und mit dem entsprechenden Gerät verbunden. Zogen Pferd oder Ochse einen Wagen, wurde die Deichsel durch Ketten an dem Kumt befestigt. Durch die Ösen führte man die Zügel zum Lenken.

Bei Jan auf dem Bauernhof

Tiere im Schuppen

Die beiden Tiere, die hier beschrieben sind, findest du im Bild auf der vorigen Doppelseite wieder.

Der Waldkauz
Diese Eule kommt bei uns sehr häufig vor. Sie wird ungefähr 38 cm groß. Doch trotz ihrer großen Schwingen fliegt sie wie alle Eulen lautlos. Die Federn sind an den Flügelspitzen nämlich ausgefranst und weich und verschlucken die Fluggeräusche. Selbst Mäuse, die ja gute Ohren haben, können Eulen nicht hören. Sie spüren nur den Luftzug, wenn sich die Eule nähert. Doch dann ist es meist zu spät.
Alle Eulen haben einen runden Kopf und einen kurzen Hals. Ihre Augen sind nach vorn gerichtet, sie kann sie also nicht wie wir Menschen nach rechts, links, oben und unten verdrehen. Dafür kann sie den Kopf aber so weit nach hinten drehen, dass sie ihren eigenen Rücken anschauen kann.
Waldkäuze brüten in hohlen Bäumen, in alten Nestern großer Vögel, auf Dachböden oder in Scheunen. Sie ernähren sich vor allem von Mäusen. Meist gehen sie nachts auf die Jagd und schlafen tagsüber.

Der Iltis
Er gehört zur Familie der Marder. Ein besonderes Merkmal ist die Helldunkelzeichnung seines Gesichts: Die Schnauze ist weiß, die Nasenspitze schwarz. Über die Augen ziehen sich breite weiße Streifen, die Ohren sind weiß umrandet. Der Iltis ist ein Nachttier und spürt seine Beute mit seinem guten Geruchs- und Gehörsinn auf. Seine Nahrung besteht hauptsächlich aus Mäusen, Ratten, Fröschen und Würmern. Findet er jedoch einen offenen Hühnerstall, holt er sich auch ein Huhn heraus. Darum fürchten ihn die Bauern. Der Iltis wohnt meist in einem Erdbau, manchmal in einem Dachs- oder Kaninchenbau. Aber er bezieht auch eine Scheune oder wohnt unter einem Holzstoß.

Landwirtschaftliche Maschinen

Auf dieser und den folgenden beiden Seiten wird dir die Arbeitsweise von sechs wichtigen Maschinen erklärt.

Der Stallmiststreuer

Dies ist ein nicht kippbarer Anhänger, der nur zum Verteilen von Mist verwendet werden kann. An seiner Rückseite sind Metalltrommeln angebracht, die mit Zinken oder Zacken bestückt sind. Diese Streuwalzen können waagerecht oder senkrecht angeordnet sein. Sie drehen sich schnell und schleudern so den Mist nach hinten aus dem Streuwagen. Aber wie gelangt der Mist zu den Walzen?

Querleisten, die an Ketten umlaufen, schieben ihn auf diese zu.

Der Pflug

Das wohl bekannteste und wichtigste Gerät zur Bodenbearbeitung ist der Pflug. Mit großen Messern reißt er die Erde auf, schneidet sie dann mit der Pflugschar waagerecht vom Untergrund ab und wendet sie. So wird die Erde gelockert und umgegraben.

Der Mähdrescher
Dies ist die großartigste Erntemaschine überhaupt. Der Mähdrescher mäht und drischt das Getreide in einem Arbeitsgang und erleichtert die Getreideernte sehr. Mit dem Schneidwerk wird das Getreide gemäht und werden die Ähren vom Halm geschnitten. Dann werden sie über ein Förderband dem Dreschwerk zugeführt. Darin wird das Korn von einer Trommel aus den Ähren geschlagen. Die Körner fallen durch ein Sieb, das Stroh wird weiterbefördert und geschüttelt, sodass weitere Körner herausfallen.

Anschließend werden die Körner von Staub, Spreu und anderem gereinigt und schließlich über eine Förderschnecke – sie sieht aus wie ein großer Korkenzieher und dreht sich – in den Körnertank befördert. Ist dieser voll, können die Körner durch den schwenkbaren Entladearm in einen Anhänger umgeladen werden.

Das Mähwerk
Wie ein großer Rasenmäher schneidet diese Maschine mit Messern Gras und Kräuter ab. Sie wird dazu vorn an den Traktor gekoppelt und kann geschwenkt werden. Das Gras wird zu Heu getrocknet oder während der Fahrt vom Ladewagen aufgesammelt: Mehrere Reihen von Zinken an der so genannten Pick-up-Trommel erfassen es und befördern es in den Wagen.

Der Maishäcksler
Diese Maschine ist ein Feldhäcksler. Mit einem Maismähvorsatz, dem Maisgebiss, schneidet sie die Maispflanzen dicht über der Erde ab. Sie zerkleinert das Kraut und mit scharf gezahnten Walzen auch die Körner. Dann bläst sie das Häcksel durch den Auswurfturm in den Anhänger.

Der Kartoffel-Sammelroder
Das ist eine Maschine zum Ernten von Kartoffeln. Sie gräbt die Kartoffelpflanzen aus dem Boden, siebt und klopft die Erde auf einem Förderband ab, trennt die Knollen vom Kraut, von Unkraut und Steinen. Anschließend kommen die Kartoffeln (je nach Bauart des Sammelroders) entweder in einen großen Sammelbehälter oder sie werden in Säcke, Kisten oder Körbe gefüllt. Manche Kartoffelerntemaschinen sortieren sie auch zuvor noch nach der Größe.

Das Schwein

Das Schwein ist ein schlaues, dickes Tier mit rosa Haut, wenigen Borsten und einem kurzen Schwanz. Sein großer Kopf hat einen kleinen runden Rüssel, mit dem es gut riechen kann. Die Augen sind klein und die Ohren kann es aufrichten oder hängen lassen. Seine Beine mit den gespreizten Klauen sind kurz und stämmig, aber es kann trotzdem schneller laufen als viele Menschen. Schweine sind sehr gefräßig und werden ein- bis zweimal täglich mit Kraftfutter, Kartoffeln oder Speiseresten gefüttert. Dazu trinken sie bis zu zehn Liter Wasser. Sie suhlen sich gern im Schlamm. Das kühlt ab und macht sie auch sauber: Wenn sie die getrocknete Matschkruste abreiben, entfernen sie gleichzeitig Milben, Flöhe und anderes Ungeziefer. Eine Sau kann alle fünf Monate Junge bekommen. Nach 114 Tagen Tragezeit bringt sie zehn bis zwölf Ferkel zur Welt. Sie können gleich laufen und sich eine Zitze suchen, aus der sie die erste Muttermilch trinken. Sie müssen noch viel wachsen: Ein ausgewachsenes Schwein wiegt etwa 130 kg, hundertmal so viel wie ein neugeborenes Ferkel.

Schweinchen Jenny

Hallo, ich bin Jenny, das kleine Schweinemädchen. Und wer bist du?

Ich bin heute zum allerersten Mal allein unterwegs, ohne Mama oder meine Geschwister. Ich habe nämlich noch vier Schwestern und sechs Brüder. Meistens spielen wir zusammen im Stall. Jetzt will ich wissen, was es sonst noch gibt.

Schau mal! Da ist Wasser in der Tonne. Ich liebe Wasser. Schnell hinein!

Das Bad im kühlen Wasser hat mich erfrischt. Das bunte Tier, es heißt Hahn, hat mir den Weg zum Garten gezeigt.
Hier duftet es lecker nach Radieschen und Äpfeln. Einen Apfel habe ich gegessen, er lag auf der Erde. Gut war er!

Hinter den Salatköpfen ruhe ich mich ein wenig aus. Die zwei Tiere dort drüben machen seltsame Geräusche. Sie sehen auch ganz anders aus.
„Meckmeck! Die Enten suchen dich, Jenny. Sie wollen mit dir spielen!", sagen sie.

Die Zicklein – so heißen die seltsamen Tiere – sagen mir, wo der Teich ist.
„Komm, tauch mit uns!", rufen die gelben Entenküken.
„Tauchen? Den Kopf ganz unter Wasser halten? Das kann ich noch nicht. Aber dort, wo das Wasser nicht so tief ist, da kann ich mit euch spielen!"
Doch das ist den Entchen zu langweilig. Sie tauchen auch ohne mich.
Ich übe mit den Fröschen Weitsprung und Wasserspritzen. Das macht uns allen Spaß!

Jetzt habe ich schon wieder Hunger! Die Mäuschen zeigen mir den Weg zum Haus und in den Vorratskeller. Hier duftet es nach Äpfeln und Kartoffeln, nach Nüssen und Getreide. Ich weiß gar nicht, was ich zuerst fressen soll.

Ich knabbere an einem Apfel. „Nein, nein!", schallt es da vom Fenster herab. „Das ist für die Menschen. Sie werden ganz böse, wenn du ihnen die Vorräte auffrisst!", ruft der Hahn. Das habe ich nicht gewusst! Ich werde mir draußen etwas suchen.

Am Feldrand treffe ich andere Tiere: Kaninchen, Vögel, Schmetterlinge und eine Eule.
„Wer spielt mit Verstecken?", ruft die kleine Maus und schlüpft in den hohlen Baumstamm. Dort will ich mich auch verbergen, aber ich passe nicht hinein.

Das graue Kaninchen muss suchen. Es hat mich gleich entdeckt. Beim nächsten Mal bin ich dran mit Suchen. Aber erst muss das graue Kaninchen alle anderen Tiere finden. Hast du sie schon alle entdeckt? Und wo steckt die kleine Maus?

Nach dem Spielen besuche ich die Schafe. Sie sehen schön weich und mollig aus.

„Wer kuschelt mit mir?", frage ich. Aber kein Schaf meldet sich. Na, dann eben nicht! Ich kann auch alleine kuscheln, in der Pfütze! Das ist zwar nicht so wollig, aber der Schlamm ist auch weich und ich kann damit ganz toll spritzen!

„Kommt doch mit in die Pfütze!", rufe ich. Die Schafe geben keine Antwort. Komisch! Vielleicht mögen sie den Schlamm nicht? Und wie ist das bei dir?

Nun brauche ich noch einen gemütlichen Platz zum Schlafen. Weich muss er sein und gut riechen soll es dort auch.
Ich gehe ins Haus hinein. „Spielt woanders, ich will hier schlafen!", grunze ich. Die Kätzchen bleiben trotzdem da.

Plötzlich sind sie alle weg. Ich höre Schritte und dann eine sehr laute Stimme: „Raus aus meiner Wäsche, Jenny! Ab mit dir in den Schweinestall!", brüllt die Bäuerin böse.
Schnell laufe ich zurück zu meiner Mutter in den Stall.

Spaß im Schnee und auf dem Eis

Das ist Anna in ihrem lila Schneeanzug. Blättere einmal um und suche sie auf dem Winterbild von ihrem Dorf. Jan ist bei ihr. Die beiden haben zusammen einen Schneemann gebaut. „Jetzt noch die Nase, dann ist er fertig", sagt Jan gerade. Er hat dem Schneemann seine Wollmütze aufgesetzt und seinen Schal umgebunden.

Erkennst du auch, was die Kinder neben ihnen gebaut haben? Richtig, eine Hütte aus Schneeblöcken, ein Iglu, wie sie es auf Bildern von den Eskimos gesehen haben.

In diesem Winter haben die Kinder wirklich Glück. Es ist viel Schnee gefallen, sodass sie herrliche Schneeballschlachten machen können. Suche die Schneeballer auf dem Bild!
Auch Schi und Schlitten fahren ist möglich. Von ungeschickten Anfängern bis zu Könnern tummelt sich alles auf der Piste. Manchmal kommt es sogar zu Zusammenstößen!

Und wer weder Schier noch einen Schlitten hat? Der lässt sich etwas einfallen, um trotzdem den Hang hinunterzusausen. Findest du diesen lustigen Kistenschlitten? Und auch den Plastikwannenschlitten mit zwei Kindern?

Der Teich ist zugefroren. Mit Schneeschaufeln und Besen haben die Kinder die Eisfläche vom Schnee befreit, damit sie Schlittschuh laufen können. Sieh nur, wie gut dieser Junge auf einem Fuß eine Pirouette drehen kann!
Aber o weh! Ein anderer ist eingebrochen. Ertrinken wird er nicht, denn der Teich ist nicht tief. Doch das Wasser ist eiskalt. Ein Waldarbeiter hat die Hilfeschreie gehört und eilt zu dem Jungen. Er will sich flach aufs Eis legen, ihm den mitgebrachten Ast hinstrecken und ihn damit aus dem Wasser ziehen. Und dann, Junge, nichts wie heim!

Wald und Tiere im Winter

Bestimmt hast du auf dem Winterbild schon längst die Forstarbeiter entdeckt. Aber zum Glück hörst du die Motorsäge nicht. Die macht nämlich einen Mordslärm, wenn sie die dicken Baumstämme durchtrennt. Die Arbeiter schützen ihre Ohren durch Gehörschutzkapseln. (Sie sehen aus wie Kopfhörer.) Ein Arbeiter bedient die Säge, ein zweiter schlägt mit der Axt die Zweige ab und ein dritter lädt mit der Ladegabel Baumstämme auf einen Transportwagen. Ein vierter schließlich sichert die Stämme mit Ketten. Findest du alle vier Forstarbeiter? Und auch die beiden, die gerade eine Pause machen? Einer ist hier abgebildet. Welche Tiere halten sich in ihrer Nähe auf und was tun sie?

In dem Waldstück sind Rehe um die Futterraufe versammelt. Der Förster hat ihnen reichlich Heu hineingetan, denn wegen des Schnees finden sie keine Nahrung mehr. Wie groß muss ihr Hunger sein, dass sie sich am helllichten Tag herantrauen!

Vorbereitung für Weihnachten

Zwei Kinder sind mit dem Großvater auf dem Pferdeschlitten zum Wald gefahren. Mit Axt und Säge fällt der Großvater eine kleine Fichte. „Jetzt schütteln wir noch den Schnee von dem Bäumchen. Dann laden wir es auf den Schlitten und bringen es nach Hause", sagt er zufrieden.
Was aus dem Bäumchen werden soll, kannst du leicht erraten: ein wunderschöner Weihnachtsbaum! Erzähle einmal, wie du ihn gern schmücken würdest!

Im Winter bei Anna und Jan

Inhaltsverzeichnis

	Seite
Bei Anna auf dem Bauernhof	6
Im Frühling bei Anna und Jan	9
Über Pferde und Reiter	10
Nutzpflanzen und Nutztiere	10
Frühlingsboten und andere Vögel	11
Die Ente	12
Meine kleine Welt	13
Sommer am Mühlenweiher	24
Von Schafen, Schafhirten und Winterweizen	25
Im Sommer bei Anna und Jan	27
Der Hund	28
Guten Morgen, ihr Tiere	30
Das Huhn	40
Zum Dorffest bei Anna und Jan	42
Im August bei Anna und Jan	44
Die Gans	46
10 kleine Ponys	47
Das Pferd	66
Die Pflaumen sind reif!	68

	Seite
Von Kindern und Kühen	68
Auch das Getreide ist reif	69
Anfang September bei Anna und Jan	71
Das Hauskaninchen	72
Komm mit, sagt das Kaninchen	73
Kartoffel- und Apfelernte	84
Auch Mais wird geerntet	85
Zur Ernte bei Anna und Jan	87
Das Schaf	88
Das Rind	89
Suchbild „Kuhstall und Maisernte"	90
Die Katze	92
Tiger	94
Von Schweinen und Hühnern	104
Im Maschinen- und Geräteschuppen	105
Bei Jan auf dem Bauernhof	106
Tiere im Schuppen	108
Landwirtschaftliche Maschinen	109
Das Schwein	112
Schweinchen Jenny	113
Spaß im Schnee und auf dem Eis	120
Wald und Tiere im Winter	121
Vorbereitung für Weihnachten	121
Im Winter bei Anna und Jan	122